JN439680

내 삶에
詩를 심다

심순덕 세번째 시집

내 삶에 향수를 심다

초판1쇄 인쇄 · 2013년 11월 10일
초판1쇄 발행 · 2013년 11월 15일

지은이 · 심순덕
펴낸이 · 윤영희
주 간 · 이은별

펴낸곳 · 도서출판 **동행**
등록번호 · 제2-4991호

주소 · 서울시 중구 을지로 3가 302-18
편집부 · (02) 2285-0711
영업부 · (02) 338-2734
팩 스 · (02) 338-2722
이메일 · gongamsa@hanmail.net

값 8,000원

ISBN 978-89-94227-80-1 03810

* 잘못된 책은 서점에서 교환해 드립니다.
* 이 시집은 춘천시 문화재단 문화예술지원금으로 만들어졌습니다.

내 삶에 詩를 심다

심순덕 세번째 시집

동행

시인의 말

나무가 되고 싶다.
깊게 뿌리내린 나무의 그 속을 닮고 싶다.
넓게 펴진 나무의 그늘 아래서 쉬고도 싶다.
가을 단풍잎 하나. 툭— 나를 친다.
벌레가 갉아먹은 색 바랜 나뭇잎처럼
그렇게 잘 삭은 시인이고 싶다.
한 때, 살기를 거부했던 처절한 그리움 앞에서
나는 시인이어야만 했다.
다시 태어나도 사제가 되고 싶다던
어느 신부님처럼 난 죽어도 시인이고 싶다.
내 마음에 자리한 그들과 가을, 내 사랑에게
참, 예쁘고 고왔던 내 어린 날들에게
지치고 힘들었던 눈물의 내 시간들에게
다 내려놓고 비운 지금의 나에게
세 번째 시집 「내 삶에 詩를 심다」를 바친다.

CONTENTS

내 삶에
詩를 심다

가난한 자의 기도

詩를 쓰는 마음은
왜 이다지도 아픈지요
내 맘에 멍울짐
내 가슴에 못박힘
그런 것들로 인하여
내 기도가 길지 않게 하소서
이렇게 해주소서 – 라든지
무엇을 이루게 해주소서 라는 말들은
하지 않게 하소서 그저
감사함으로 살게 하소서
살아있음에 감사하게 하소서
우리는 다 사라질 한줌 흙
살아갈 날들에, 그 시간에
감사만 해도 부족함을 깨닫게 하소서
태어남이 죽음과 하나임을 알게 하소서
그리하여 웃음이 울음과 하나라는 것도
아울러 느끼게 하소서
—이 가을에…

가을 · 3

이렇듯
나 혼자
세상에 던져졌습니다
내 그림자 안 보이듯
그렇게 모두들 안 보입니다
찾고 싶던 한날은
보고 싶어 울었습니다
잊고 싶던 한날은
잊기 위해 울었습니다
따지고 보면
아무 것도 아닙니다
나 혼자 왔기에
나 혼자 가야함을
너무나 잘 아는 까닭입니다
그러나 가을이 오면
왜 혼자가 아니고 싶어지는지요

가 을 햇 살

산 아래
가난한 초가집 한 채 살았지
우리네 어머니 속처럼
꺼먼 굴뚝에선
아주— 이따금씩만 연기가 피어 올랐어
그날은
먼저 간 그 누군가의 제삿날이라던가!
아주 작은 텃밭엔
배추 한 골, 무 한 골
어두컴컴한 부엌 한켠엔
소나무 옹이 빠진 곳으로
히뿌옇게 들이치던 가을햇살 한줌
유일한 방문객이었지
초에 불을 밝히고
잔에 술을 따르고
이 세상에
한 번 왔다 가는 나그네 길이
무어 그리 대단하거늘
코스모스 몇 잎에
구절초 끼워 창호지 바른

십자무늬 창으로
그대 영혼 가을햇살로
걸어오누나
가을햇살로

강 물

강 위로 나뭇잎 하나 없는
마른 나무들 비친다.

데 · 칼 · 코 · 마 · 니

고향집 · 봄

창호지 문틈으로 네모난 세상이 보인다
순한 어미소가 가지런히 밭고랑을 갈았다
그곳에 한 알, 두 알 감자를 심었다
한 달간 심하게 홍역을 앓고 났더니
하얗게 핀 감자꽃들이 앞다투어 나를 맞는다
그때의 벅차오름. 환희
세상의 큰 변화를 처음 맛본
내 나이 아홉 살 때였다
겨우내 두껍게 얼었던 얼음이
쩍－쩍 갈라져 얼음배 놀이를 하노라면
무서움과 두려움으로 짜릿한 스릴을 만끽했다
그 사이로 봄은 기똥차게 흘러내렸고
나는 물먹은 새싹처럼 씩씩해져 갔다

고향집 · 여름

어김없이 주어지는 여름방학 숙제
곤충채집과 식물채집
방학한 날부터 나비며 잠자리며
마구 잡아서 책 사이에 눌러 놓고
이름도 모르는 풀까지 뽑아
「어깨동무」와 「소년중앙」에 끼워 넣곤 했었다
셋째오빠는 대대장!
꼬마오빠는 중대장!!
막내인 나는 언제나 소대장!!!
조카들은 모두 졸병이라서
산딸기와 깨금을 주워 왔고
대대장은 끔찍하게 소대장을 아꼈다
방학한 다음날 와서 개학 전날 돌아가던
수많은 사람들
더러는 소식도 모른 채 산다
멍석을 깔고 저녁을 먹는다
라디오 연속극 들으며 범인을 추측해 관제엽서에 적어 보내고
반딧불이와 별빛들로 적당한 조명 아래서
밤늦도록 숨바꼭질을 했다

지칠 줄 모르던 서정의 시간들
압화처럼 걸려 있다

고향집 · 가을

엄마는 주로 밭에 앉아 계셨다
다 따먹은 옥수수대를 베기도 하고
콩단을 묶기도 하고
깨를 털기도 했다
겨울 채비를 하느라 장작은 트럭으로 한 대 들여 놓기도 했지만
뒷산에 올라 소갈비를 긁어오기도 했다
특별히 부러울 게 없던 어린 날
내가 아는 세상만큼 만족하며 살았나
그때부터 시인이고 싶었나
그다지 가지려고 하지 않았나
없을수록의 맛을 느낄 줄 알았다
「비움의 미, 여백의 미, 공간의 미.」
난 그때 이미 시인이었나?!

고향집 · 겨울

눈은, 작은 우리 초가집보다 많이 내렸다
학교가다 보면 옆집 사이에 눈 터널을 뚫고 다녔고
스키로 썰매로 등 · 하교하기도 했다
뒷산 중턱에 빨간 산장이 있었다
60年代 내로라 하는 영화배우들은
촬영차 거의 거쳐간 곳이다
우리집을 지나칠 때면 카메라 펑펑 터뜨리며 찍어갔고
67년 〈여성동아〉 1월호에 실렸다
빨랫줄에 널려 있던 빨간 엑스란 내복이 압권이었다
지금은 모두 없어진… 그리움으로 탑을 쌓고 있다
다시금 고향집에서의 사계절을 보내고픈 그 마음
다시 태어나도 그 집에서 살고 싶다

그 이름 사제여!
―사제의 해에 바치는 시

사제여!
눈 비비며 일어났을 그 시각엔
이슬처럼, 바람처럼
소리 소문 없이 에미의 기도 한아름 바쳐진 그 후라오
마치 아침밥처럼 거를 수 없는, 걸러지지 않는
가슴 속 숙제 같은 에미의 응어리로 당신은 남으셨소
그대의 기도와 미사봉헌, 일상생활
그 처음에도 그 마지막에도
하느님 함께 하시는 영광되고 거룩한 그 길이
혹여 외롭게 보여지는 그 무엇은 왜인지요
어스름 해질녘
부모의 눈언저리 같던 산등성 저녁놀하며
덩그런 성당 마당 달빛은
왜 그리도 처량하단 말이오
사제여!
그대 사제여!!
어디서부터 그분께 뽑혔는지 모르겠소만
그리도 거룩한 그 길에
그토록 영광스런 그 길에

한아름 들꽃으로 안기고 싶소
한 줄 기도로 동행하고 싶소

그 이름 사제여.

그리운 아픔

—천안함 희생 장병들을 생각하며

아파서
너무 아파서
웃어도 눈물이 되고 마는
내 피붙이들을 어이할거나

내 나이 오십에…

내 나이 오십에…
산다는 건 무언지 자꾸만 생각하네
생각하네

내 나이 열 살에(10代에)
아무런 걱정없이 마구 뛰어 놀았지
산과 들이 온통 놀이터였고
애틋한 사랑 받으며 자랐지
내가 받은 그 사랑 나를 키워나갔지

내 나이 스물에(20代에)
온통 세상은 내 것이 되고
하고픈 것도 많았지
내 인생을 설계하고
사랑도 했었지
그리고, 난 엄마가 되었지

내 나이 서른에(30代에)
나만의 철학을 가지게 되었지
법정스님의 '無所有'에 빠졌고

詩를 쓰게 되었지
나의 껍질, 엄마를 땅에 묻었고
난 그만 길을 잃었지, 아－아

내 나이 마흔에 (40代에)
내 모든 걸 책임져야 했었지
얼굴조차도 만들어 가는 거라고
나의 생각과 말과 행동으로
퍼즐같은 삶을 꾸려나갔지

내 나이 오십에…
인생의 중간에서 난 깨달았지
산다는 건 그리 거창한 게 아니란 걸
산다는 건 詩라는 걸
노래라는 걸
들꽃이란 걸
우린 결국 한줌 흙이란 걸
난 그만 알아 버렸지
내 나이 오십에…

내 나이 오십에…

산다는 건 무언지 자꾸만 생각하네

생각하네

내 詩 한 줄이…

내 詩 한 줄이 그대의 밥이었음 좋겠다
가난에 설운 자존심까지 배불릴
자정을 넘어선 밤참이 되고 싶다

내 詩 한 줄이 그대의 눈물이면 좋겠다
그리워 그리워서 울 수도 없는
삶의 추억되어 동행하고 싶다

내 詩 한 줄이 그대의 기도였음 좋겠다
무릎 꿇어 청하는 간절한 그 마음에
끓는 피가 되고 싶다

내 詩 한 줄이 그대의 목숨이면 좋겠다
버거운 세상살이 손놓고 싶을 때
위로가 되고 싶다
희망이 되고 싶다
생명이 되고 싶다

내 詩 한 줄이
내 詩 한 줄이 그대 삶의 밭고랑에 거름이 되고 싶다

다림질하며

구겨진 바지에
잠들었던 그대 하루가
다리미 지나가자
일제히 줄 맞추어 일어선다

기워진 바짓가랑이에
명치끝 아파 오고

거미줄 닮은
손수건은
날 위해
울고 섰네

돋보기 맞추던 날

세월은 누구에게나
공통된 과정을 거치게 하거늘
작은 글씨 보기가 영― 힘들어
버티고 버티다 돋보기를 맞췄다
마치 말갛게 눈을 씻은 듯
멀쩡하게 보이는 글씨들 앞에서… 그만
바늘에 실 꿰는 게 힘들어 나를 찾으시던 엄마를
보았다
눈물 그렁한 그리움만 더욱 크게 비춰주던
돋보기를 괜히 맞췄나보다

同行

그렇게 걸어가자구.

한 곳을 바라보면서
더 가깝게도 말고
더 멀지도 않게

그냥
기차가 달려가듯
레일만큼의 간격을 두고

양팔을 뻗으면
서로 손 잡을 만큼만

너와 나 모른다고 말 않고
그저 조금 안다는 듯
씨익 한번 웃어 줄 수 있게

그 정도로만…

그렇게 걸어가자구.

뒷모습의 연가

언제 어디서든
누군가의
또 그 누군가의
뒷모습은 아리다
숙연함마저 깃든 처절한 삶의 현장이다
내 아버지의 그것은
가냘픈 새 날갯죽지마냥 애처롭고
내 어머니의 그것은
가슴 저 끝에서 올라오는 까만 울음이다
내 딸의 뒷모습은
나를 닮아 더욱 애틋한 서정시다
내 아들의 뒷모습은
안쓰러워 가슴 시린 노래 구절이다
남편의 뒷모습은
처자식 매달린 쓸쓸한 가을 감나무로 나를 울린다
때로
누군가
또 그 누군가의 뒷모습을 생각하면
삶은 더욱 경건하리니
축복내리는 기도가 되리니

들꽃
―백두산 정상에서

키도 크지 못하고 아프게 엎딘
그대들 바라보며
차마 울 수도 없었습니다
너무나 진지하여
더욱 더 엄숙하여
그냥 삶이다! 생각했습니다
마치 이불 위에 박힌 꽃무늬 같았습니다
벽지를 오려다 놓은 것도 같았습니다
예쁘다!! 탄성하기보다는 가슴이 저렸습니다
안개 자욱한 산꼭대기에서
나! 한 편의 詩로 서 있었습니다
는개만이 숨죽여 울어대던 그 산 꼭대기에서…

마음 · 3

세상에
그 어느 한 사람도
마음대로 오지 않았고

세상에
그 어느 한 사람도
마음대로 갈 수 없는데

나 말고
그 누구도 '나'일 수 없는데
슬플 때 그림자처럼
내 편 되는

하 · 느 · 님 ·

메밀꽃 필 무렵

메밀꽃 지천으로
흩뿌려논 봉평
엄마의 고향이라는
그 이유 하나만으로
목놓아 섧게 울고 싶던 곳

어머니 몸 속에서
내가 나왔고
나의 껍질인 엄마의 고향
그러기에 자주 찾고픈
또 하나의 고향

삶이
서럽고 야속할 때면
봉평 입구부터
메밀꽃 아늑히
양탄자 삼아 쉬고 싶어라

앞밭에 냉이꽃이
만개하였을 때

메밀꽃인 양 착각하여
슬프게 웃으며
찍었던 한 장의 사진

하－서러워
올려다본 하늘에
먹다만 빵 조각처럼
귀퉁이 잘려나간
일그러진 하얀 달

메밀꽃 무늬의
고무줄 치마 속에
어머니 한 풀어놓은 채
내 괴롬마저도
얹고픈 마음으로

내 마음
냇가에 절절히 풀면
바다처럼
파랗게 흘러갈 것만 같은데

어머니 그리운 맘
흙에 내리면
하얗게 지새워
메밀꽃 될까

빈손으로 왔다
빈손으로 가는
이 삶에서
모든 것 접어둔 채
메밀꽃 한아름 안고

거저
그리움 하나만
알게 하소서
거저
그리움 하나만…

물 같은 사람

때로 나는 물 같은 사람이고 싶다

간장 종지에 담길 만큼의 겸손이나
불의에 앞장서는 거대한 파도처럼

더러는
산기슭 나무뿌리 곁으로 따라 흐르는
서러운 세상살이나
와인 잔에 담겨지던
어느 카페에서의 호사스러움까지도.

어느 장소, 어떤 환경에서도
그 크기만큼의 자연스런 삶을 사는

때로 나는 물 같은 사람이고 싶다

우리의 인생이 그러하듯
우리는 어디서 와서 어디로 가는가
시작이 어디이며 끝은 또 어디인가

자신을 드러내지 않고
모두를 아우르는
그대, 물이여!

때로 나는 물 같은 사람이고 싶다

민들레

병아리 똥

내 어린 날의 도돌이표

법정스님

내 나이 서른 살 때
나의 철학으로 '무소유'를 삼았다
아무 것도 가지지 않을 때
비로소 이 우주가 내 것 같음을 알게 되고
한 번쯤 뵈옵길 바라기만 했던
그 크고 텅－빈 어르신
끝내 無所有가 되셨다

思母曲

한 줄기 비가 되어
엄마 무덤가에서 칭얼대고 싶습니다

이름없는 들꽃 되어
엄마의 예쁜 꽃밭 되고 싶습니다

바람 되어 떠돌며
엄마냄새 맡고 싶습니다

하얀 눈 되어
엄마산소 엎디어 잠들고 싶습니다

내 뼈와 살 녹여
엄마의 바다에 가라앉고 싶습니다

한줌 흙 되어
엄마의 무덤 이고* 싶습니다

* 이고 : 머리에 이는 것을 말함

산다는 건…

산다는 건…
약간의 웃음과
약간의 울음과

산다는 건…
절반의 탄생과
절반의 죽음과

산다는 건…
그 이상의
그리움뿐

산다는 건…
산다는 건… 그저 詩다.

산다는 건 · 3

산다는 건 그렇더라
　　　참 그렇더라
아무 이유 없이도 슬프더라
　　　　　　막 슬프더라
비가 오면 더욱 슬프더라
바람이 불면 쓸쓸하더라
나뭇가지 이리저리 휘어질 때면
내 어깨 짓눌린 삶의 무게로
매일 밤 울며 잠들던
그때가 생각나 서럽더라
　　　마구마구 서럽더라

산다는 건 그렇더라
　　　참 그렇더라
아무 이유 없이도 슬프더라
　　　　　　막 슬프더라
눈 내리면 더욱 슬프더라
노을 지면 쓸쓸하더라
이 넓은 세상에 내 몸 하나
편히 뉘일 데 없어 서럽더라

꼬물꼬물 내 어린 것 입에
맛난 거 하나 넣어줄 수 없어 서럽더라
달이 뜨면 마구 서럽더라
어린 시절 달 따라가며 숨바꼭질하던
그때가 생각나 울고 또 울었어라
이 지구상에 그 어딘가로부터
부모 자식이 되고 형제 남매가 되어
웃고 울며 살아온 시간들이 서럽고
살아갈 남은 날들이 서러워라

산다는 건 그렇더라
        참 그렇더라
아무 이유 없이도 슬프더라
                막 슬프더라
그리고 서럽더라
마구마구 서럽더라
산다는 건 그렇더라
        참 그렇더라

새 사제

설핏,
창백해 보이는 그대의
　　　　　　짧은 머리가 서글픕니다

언뜻,
잘생긴 얼굴이 가슴 아파옵니다

천상,
사제의 길을 가야 하는 줄 알았다는
　　　　　　　그 말에 목이 메입니다

20대!
그 청춘을 삭힌 시간들이 눈물겹습니다

새 사제,
그 뒤로 필름처럼 지나가는
　　　　　　　가족들과의 추억

외롭고 거룩한 그 길로의 첫 발.

슬픈 가을 · 5

10月의 강가는.
춘천의 아침은.
온통 안개가 되어 나를 품고.

서면을 바라본다.
가난한 나룻배 한 척. 눈에 박히고.
그 위에— 노파는
고장난 시계처럼 앉아 있다.
|
커피 한 잔 마시다
|
새벽 번개시장 할머니들은
그 퀘퀘한 냄새로
박사마을 거름이 되었다.
그 빤질거리는 넥타이 뒤면.
눈물 한 방울. 낙엽처럼 떨구다.

詩에 관하여

세상에서 가장 멋진 일
　　　　　　　　詩 쓰는 일
세상에서 가장 짧은 일
세상에서 가장 힘든 일
세상에서 가장 아픈 일
세상에서 가장 기쁜 일
세상에서 가장 못난 일
　　　　　　　　詩 쓰는 일

아가에게

네 자는 모습은 평화
네 감은 두 눈은 기쁨
네 흘린 눈물은 사랑
내게 네가 있음은 기도

아니다

가난한 내 엄마
늘 하시던 그 소리
아.니.다
불현듯 생각나는 가을 노래처럼
노래방에도 없는 가사에
쓸쓸한 흥얼거림으로
휭-하니 바람만 부는 가슴
엄마!!
뭔 일 있어요?
아.니.다
해질녘 아궁이에 군불을 지필 때면
무채색 삶의 버거움에 취한 얼굴
입 속에서 신음처럼 흘러나오던
아.니.다
사계절이 다 지나도록
꽃같은 나이 잊고 사는 것도
이미 여자가 아니어도
엄마 떠난 딸이 아니어도
자식 가진 에미로 살다보니
모든 게 아니고 또 아니다

내가 이미 내가 아닌데
아니다 말고 무엇이겠는가
살면서
이게 아닌데— 갸우뚱할 때나
이건 아닌데— 화가 날 때도
내 어머니의
한 맺힌 가슴앓이
즙으로 짜여지던 속울음
아.니.다
온몸으로 참고 이겨내던
어머니의 처절한 울음소리
곧 나의 울음이며 내 딸의 눈물일
아.니.다
아.니.다
태어나서 죽을 때까지 화두가 돼버린.

아들의 뒷모습

한 점씩 살점이 뜯기어져 나간 고3 생활인가
삐쩍 마른 널 차마 바라볼 수 없어
떠나기 전날 밤 짐을 꾸리다
끝내 목놓아 울었지
툭툭 불거져 나온 뼈들이
마치 나를 죄인인 듯 고정시키고
심하게 마른 너의 체구가
모두 내 탓인 것만 같아
작고 여린 너의 가슴팍에서
처음으로 꺽-꺽 울었다
감싸안은 너의 손등에선
살 발린 생선뼈 같은 서글픔이 비릿하게 묻어나고
나이를 잊은 에미의 가슴에선
계절 없이 폭우가 쏟아졌다
그렇게 집을 떠나가던
너의 뒷모습
눈 뜨고도 볼 수 없던 내 아들의 뒷모습

아버지

한 번도
단 한 번도
사랑할 수 없던 그 이름

꼭－꼬－오－ㄱ
빗장을 걸어 잠근
그 틈을 통해
햇빛 타고 오신 애증…

나에 대한
이유를 알 수 없던
'미움'이라는 이름의
막－내－딸

아버지 호령 같던 상추밭
자식 얹은 이마
서리 내린 머리에서
서럽던 가을은 또 그렇게 익어갑니다

보랏빛 도라지꽃
모퉁이 돌아가다

못내 그리워
그림자 되는 허상

나그네길 접으실 때
제가 올린
의미 없는 중환자실
밥.한.숟.가.락.

별일 아닌 듯
언제 그랬냐는 듯
세상 향해
멋있게 웃어 주고 가신 님

그 길 따라
치렁치렁
하늘이 웁니다

아버지 맘
바다 만든
제 가슴에
장마가 한창입니다

어머니

잉크물 배어나올
그리움으로
삼베옷 한 벌
해 입고픈 마음입니다

내 마음 갈 곳 몰라
방황이던 시골역
눈언저리 이슬은
가난에 헤-진 운동화 위로 흐르고

가슴 한 켠에 파놓은
두레박으로도 길어 올릴 수 없던
샘 하나엔
세월 저편이 걸려 있고

키 작은 분수에서
뿜어올리던 안개다발엔
그리움에 절인
한 송이 장미되고 싶었습니다

흉－하니
구부러진 손가락엔
반지조차 끼울 수 없는
애처로움 달려 있고

오선지 닮아 있던
엄마 이마에
그리움 하나 둘 올려놓으면
그대로 思母曲일 따름입니다

엄마 대신 피어난
할미꽃 곁에 두고
엄마냄새 맡으며
잠들고 싶습니다

그런 오늘 괜시리
어머니 가신
꽃상여 길－
아련히 떠오릅니다

엄마 생각 · 1

—서거리 깍두기

엄마 생신 때나 제사 때면
꽃을 좋아하시던 엄마를 생각하며
꼭 꽃바구니를 준비합니다
편지처럼 꼬리표에 몇 글자 제 마음을 적어봅니다
지난번 제사 때는
〈서거리 깍두기가 그립습니다—막내딸 올림〉
엄마가 해주신 서거리 깍두기가
하—먹고 싶어 썼던 겝니다
큰언니가 엄마 대신 해보냈지만
그 맛이 안 났습니다
태어나서 처음으로 내가 담가 보았습니다
엄마 맛하고는 거리가 멀었지만
대리 만족을 하고서야 직성이 풀렸습니다
나이를 먹는다는 것
늙어 간다는 것
아마도 이런 건가 봅니다
엄마 생각이 더 많이 나면서
엄마가 해주시던 음식이 무지 먹고 싶다는 겁니다
그런 겁니다

엄마 생각 · 2

—달래장아찌

해마다 장을 담그십니다
빛깔도 참 고운 고추장에 막장 맛은 또 그만입니다
텃밭에서 금방 뜯어 온 배추랑 상추랑
그 위에 실파와 쑥갓을 얹어
감자밥에 고등어 구워 먹던 그 맛은
잊혀지지 않습니다
거기에 잘 익힌 달래장아찌
아— 정말 미치도록 그립습니다
봄이면 병처럼 자연산 달래를 사서
장 속에 박아넣어 보지만 제 맛은 아닙니다
저 닮은 딸아이와 외할머니 얘기를 하며
손가락으로 달래장아찌를 집어 먹는 그 맛
죽어라 엄마가 보고 싶습니다
끝없이 나오는 장항아리 속 달래장아찌처럼

엄마 생각 · 3
—총각김치

하얀 겨울밤 야식 먹는 즐거움으로
졸음을 쫓아가며 버텨봅니다
무서움을 참으며
엄마는 바가지를 들고 김치광으로 들어가
머리통만한 통무와 양배추김치, 총각무, 갓김치를 꺼내오셨습니다
저녁때 잔뜩 해 놓았던 밥을 물에 말아 닥치는 대로 먹었습니다
배가 터질 지경이 되면 아쉬운 숟가락을 놓곤 했던
초가집 속 동화 같은 겨울밤 추억은 불혹을 맞았습니다
단 하루 살고 가란다면
세상 그 무엇도 부러울 것 없었던
내 나이 여덟 살의 그 끝없이 예쁜
그때로 가렵니다
기꺼이. 기꺼이.

엄마 생각 · 4

—부뚜막

나무를 때던 부엌은
늘 풍성한 공간이었습니다
우리 식구들 밥이 끓고
가마솥엔 여물이 푹푹 삶아집니다
숯화로엔 꽁치구이가 지글대고
갓 짜온 염소젖은 아버지에게로 향합니다
방학 때마다 놀러오는 조카들은
밤, 낮 가리지 않고 놀이에 빠져듭니다
뒷산을 타고 내려온 수많은 운동화들은
외할머니 손에서 부뚜막 한 켠에 나란히 눕습니
다
마치 샤워 후 드라이를 하듯이 말려지면
또 다시 신고 뛰어나가곤 했습니다
요술처럼 운동화는 바짝 마르고
모든 것이 가능했던 부엌, 가마솥, 부뚜막은
그 어떤 사우나도 부럽지 않습니다
오늘처럼 비가 내리는 날이면 더욱 생각납니다
흙내음 징하던 그 부뚜막이.

엄마 생각 · 5
—100원

엄마의 단골 가게는
〈금성상회〉, 〈형제상회〉 였습니다
경상도 사투리를 조금씩 쓰는 아줌마가 운영하던
금성상회에서는 부식을 사오셨고
물건에게까지 존칭을 쓰는 아저씨가 운영하던
형제상회에서는 생필품을 구입했습니다
어느날엔가
부식을 사오신 엄마는
「순덕아, 미쳤다. 내가 미쳤다.
하도 배가 고파 100원 주고 빵을 사먹었지 뭐냐」
이런. 이런
당신 자신을 위해 돈을 쓴다는 건 죄라고 생각하던 엄마는
죄책감으로 내게 고백하듯이 얘기하시고 괴로워하셨습니다
아 불쌍한 엄마— 희생만 하신 내 엄마
너무 불쌍해서 자꾸만 자꾸만 생각나곤 합니다
100원. 100원. 그놈의 100원.

엄마 생각 · 6

—장독대

아버지와 난 성당에 무척 열심이었지
저녁미사에 늦을까 이른 저녁 차려 주시며
늦겠다 얼른 가라 손 흔들어 배웅해 주셨지
그 후 엄마는
깨끗한 물 한 사발 장독대에 올려놓고
주저리 주저리 두 손 빌며 기도하셨지
우연히 내게 들킨 엄마는
멋쩍게 웃으며 쑥스러워 하셨지
장독대는 엄마의 성전이었지
하느님, 부처님, 산신령 다 찾아가며
우릴 위해 빌고 또 비셨지
그 기도로 오늘 나는 詩를 쓰는지 몰라

엄마 생각 · 7
—혼자가시다

외할머니께 귀하던 딸 내 엄마
언젠가 내게 주신 편지에
'여자는 언제나 외롭단다'
남편이 있어도 외롭고
자식이 많아도 외롭고
비가 와도 바람이 불어도 외롭고
가을이 와도 눈이 내려도 외롭다
9남매의 막내딸인 나를 결혼시키고
할일 다한 양
떡―하니 당뇨에 걸려
입원과 퇴원을 반복하다
하얀 겨울 어느 날
외롭게 혼자 가셨다
잠든 모습을 보고
깰까봐 자리를 뜬 사이에
혼자서 그렇게
외롭게 가셨다
'여자는 언제나 외롭단다'
평생을 그렇게 외롭게 살다가
혼자서 그렇게 외롭게 가셨다

혼자 왔다가 혼자 가거늘…
외로운 것이 인생인 것을
나, 오늘도 끝없이 외롭다

엄마 생각 · 8

—2010.12.8 수 엄마 20주기 제삿날

엄마 가신 지 꼭 20년 되는 날
고운 마음씨처럼
이승을 떠나던 그날
이불 같은 함박눈이 내렸다
20년이 지난 오늘
그날의 그 눈이 내린다
엄마가 보고 싶다
그날의 그 눈이 온다
엄마가 보고 싶다
그날의
꼭 그날의 그 눈께서 오신다
엄마가 보고 싶다
그날의 꼭 그날의 그 눈께서 내리신다
엄마가 보고 싶다
끝.
없.
이.
눈이 내린다
엄마가 내린다

엄마 생각 · 9
—꿈

가끔씩 꿈속에선 살아계신 엄마
막연히 엄마 보러간다고 들떠 있다가
문득, 잠에서 깨고 나면
허전한 현실이 눈앞에 있다
온통 세상이 텅 비어 서러워지는
이 세상보다 좋고, 보고픈 엄마를
볼 수 없어 안절부절인 내가
가엾어 꺼이꺼이 울다가
구차한 밥을 짓는다
아, 아— 엄마 내 엄마

엄마 생각 · 10

—꽃치마

떡—! 하니 당뇨에 걸린 내 엄마
한 번씩 살이 빠질 땐 바스라질 듯 작아졌다가
당뇨수치 500을 넘기며 복수 가득 찰 때면
마치 개구리배 닮아
터질 것 같아 무섭던 그 배
그 몸을 지켜주던 고무줄 꽃치마
감색 바탕에 하얗게 안개꽃무리
가슴 아프게 피어 있던 그 치마
지금도 내 옷 서랍장 밑바닥에
엄마처럼 누워 잠든 그 치마
엄마 보고플 때면 슬며시 꺼내어
가끔 한 번씩 입어보는 그 치마
감색 바탕에 하얗게 웃으며 서 있는
안개꽃 그리움

엄마 생각 · 11

—김칫광

겨울이 깊어가는 한밤중
야식 먹는 재미는 또 다른 행복감을 안겨주었다
깜깜한 밤 하얀 눈 속을
함지박 하나 들고
김칫광을 다녀오신 엄마 손엔
살얼음 낀 동치미, 총각무, 갓김치가 한가득
우리의 입맛을 자극한다
밥을 물에 말아
맛있고 또 맛있게 먹었던 그 시간들은
지금 생각해 봐도 맛있다
그 맛있게 먹는 자식 모습 보려고
무서움 이기고 다녀오시던 엄마는
언젠가 고백하셨다
무서웠다고.
정말 무섭더라고.
우리가 맛있게 먹었던 것만큼
무서웠을 엄마를 생각하면
지금도 미안하고 죄송하다

엄마 생각 · 12
—저축

엄마! 하면 저축!이다
1960년대, 그래도 먹고 살만했던 우리집
그럼에도 엄마는 저축이 몸에 배어 있는 분이셨다
우체국을 주로 이용했던 그 시절
푸성귀를 팔고 옥수수를 쪄 팔고
오빠 언니와 내 통장에 20원씩 넣어 주시던
그 심부름을 자주 했던 나는
자연스레 취미자 특기가 '저축'이었었다

그렇게
엄마는 저축처럼 내게 스며 있다
저축은 엄마처럼 내게 배어 있다

엄마 생각 · 13
—편지

내가 여행을 떠날 때나
내 생일 때면
학교 문턱도 못 가보신 엄마가
선물과 함께 편지를 주신다
받침도 틀리고 삐뚤빼뚤해서
통— 알아볼 수가 없다
몇 번씩 읽다보면 그 뜻을 알게 되는데
나만 읽을 수 있는 엄마의 편지에
—여자는 언제나 외롭단다—
그 말이 지금껏 짠—하게 남아 있다
아버지와 9남매의 자식이 있어도
외로웠던 엄마
이 나이만큼 살아보니 엄마가 없다는 게
가장 외롭고 쓸쓸하고 서럽다
외할머니 안 계신 엄마의 그 외로움을
이제사 조금 알 것 같은데—
나도 엄마에게 가끔씩 편지 보내고 싶은데
받아줄 엄마가… 없다

엄마 생각 · 14
—봉숭아물

엄마의 손끝엔 흙때가 떠나지 않았다

그 손으로 가꾼 봉숭아는
백반과 소금을 넣고
큰 나뭇잎으로 감싸
실로 묶은 채 하룻밤 자고 나면
손톱보다는 살에 더 많이 들고
손은 퉁퉁 불어 있었지만
내 손톱에 꽃물로 자리잡았다

지금도 해마다 들이는 봉숭아물은
진한 엄마의 사랑과
그 추억을 들이는 거다
엄마를 들이는 거다

엄마 생각 · 15

—엄마냄새

버스를 타고 비포장 길을 달려
엄마와 외할머니 산소를 다녀오는 길
봉평 부드랫골 무덤 앞에서
하염없이 울음을 토해내는 엄마
왜 우냐고 영문을 모르는 어린 내게
'아니다'며 삶을 게워내셨다
돌아오는 차 속에서 나는 멀미에 시달린다
고통스런 그 시간
엄마 품에 폭—안겨 엄마가 나를 토닥여 주면
머리아픔과 멀미는 어느새 사라지고
쌔근쌔근 잠이 들곤 했다
은은히 나를 감싸던 엄마냄새
신기하기만 했던 엄마냄새

아—
엄마냄새, 그 냄새.

외등(外燈)

내가 나고 자란 그 집
외로이 걸려 있는 외등
회식이나 야근을 하고 늦게 귀가하는
나를 위해
하염없이 기다리는 엄마의 마음
한아름 보고픔을 품고
안쓰러움을 품고 사랑을 품고
그렇게 산 밑 고독한 그 집에서
외로이 나를 기다리던 그 불빛
무섭고 지친 나를 이끌어 주던
하느님 같은 그 불빛
엄마처럼 외롭고 고독하던 그 불빛
지금도 꿈속에 나오는 그, 그 불빛
나를 기다리며 쓸쓸해 하던 外燈

흑백사진

손바닥 안에
쏘-ㄱ 들어가 안겨버린
내 어린 날 한 장의 그림
그리운 사람들 함께하는
작은 마음의 공간

누워도 있고 앉아도 있고
두 눈 질끈 감아도
늘 정겨운 삶의 실루엣
액자 속 추억으로 걸려 있는

세월이 가고
나이를 먹고
내 아이들이 나만큼 자랐어도

흑백사진 속 어린 시절은
늙지 않아 좋다
함께라서 좋다
진짜 좋다

한 장 의 흑 백 사 진

—독자에게 보내는 선물—

엄마는 그래도 되는 줄 알았습니다

엄마는 그래도 되는 줄 알았습니다

엄마는
그래도 되는 줄 알았습니다
하루 종일 밭에서 죽어라 힘들게 일해도

엄마는
그래도 되는 줄 알았습니다
찬밥 한 덩이로 대충 부뚜막에 앉아 점심을 때워도

엄마는
그래도 되는 줄 알았습니다
한겨울 냇물에서 맨손으로 빨래를 방망이질 해도

엄마는
그래도 되는 줄 알았습니다
배 부르다 생각없다 식구들 다 먹이고 굶어도

엄마는
그래도 되는 줄 알았습니다
발뒤꿈치 다 헤져 이불이 소리를 내도

엄마는
그래도 되는 줄 알았습니다
손톱이 깎을 수조차 없이 닳고 문드러져도

엄마는
그래도 되는 줄 알았습니다
아버지가 화내고 자식들이 속썩여도 전혀 끄떡
없는

엄마는
그래도 되는 줄 알았습니다
외할머니 보고 싶다
외할머니 보고 싶다 그것이 그냥 넋두리인 줄만—

한밤중 자다 깨어 방구석에서 한없이 소리 죽여
울던 엄마를 본 후론
아!
엄마는 그러면 안 되는 것이었습니다